AF243476

LA RENOMMÉE.

FASTES LÉGISLATIFS ET FINANCIERS.

NOTICE BIOGRAPHIQUE

SUR

M. J. LAFFITTE,

Député, etc., etc.

TROISIÈME ANNÉE.

PARIS,

AUX BUREAUX DE LA RENOMMÉE,

RUE NOTRE-DAME-DES-VICTOIRES, 14.

MAI 1843.

M. LAFFITTE.

M. Jacques Laffitte est né à Bayonne, en 1767, d'une famille de simples artisans ; venu de bonne heure à Paris, il entra dans la maison Perregaux en qualité de teneur de livres ; le zèle qu'il montra, et les services qu'il rendit à la maison qui l'avait honoré de sa confiance, engagèrent bientôt M. Perregaux à se le donner pour associé. A la mort de son patron, M. Laffitte devint chef de l'établissement, et M. Perregaux fils fut son associé commanditaire. M. Perregaux fils, à la fois auditeur au Conseil-d'État et chambellan de l'Empereur, ayant d'ailleurs très-peu de goût pour les affaires, fit preuve de sagacité et de prévoyance, en abandonnant entièrement à M. Laffitte la direction des opérations considérables dans lesquelles sa maison se trouvait engagée. Cette nouvelle société dura dix ans, qui furent pour M. Laffitte une suite non interrompue de spéculations favorisées par la fortune.

En 1809, M. Laffitte fut nommé régent de la Banque de France, et à la retraite de M. Dupont de Nemours il le remplaça dans la présidence de la Chambre du commerce de Paris. En 1813, il fut nommé juge au Tribunal de commerce de la Seine, et l'année suivante, le gouvernement provisoire le mit à la tête de la Banque de France, pour remplir le vide que laissait le départ du gouverneur, M. Joubert, attaché par une fidélité honorable à la suite de l'Impératrice régente, alors réfugiée à Blois. Disons, à l'honneur de M. Laffitte, qu'il remplit ses fonctions sans vouloir profiter des émolumens qui y étaient attachés.

En 1815, M. Laffitte fit partie de la Chambre des représentans comme membre de la députation du commerce, qui se composait de MM. Delessert, Hottenguer et Chaptal; il s'abstint de toute participation ostensible aux délibérations, et ne parut point à la tribune; mais quand il fut requis de rendre un grand service à l'État, M. Laffitte n'hésita pas, et, grâce à ses secours, le Trésor public épuisé put payer à l'armée française, retirée sur la Loire, une somme de deux millions qui était due en vertu du traité de juillet 1815.

A la même époque, M. Laffitte rendit un compte fort remarquable de la situation de la Banque et des services immenses que l'État en avait tirés ; il prouva dans ce rapport, par une exposition lumineuse de ses opérations et de leurs résultats, qu'au milieu de tous les désastres de la guerre, et malgré les contre-coups d'une révolution dans le gouvernement, l'administration de ce grand établissement avait procédé avec tant de prévoyance et de succès, que ses billets avaient toujours, et souvent victorieusement, soutenu la concurrence du numéraire; il prouva que cette administration avait eu la capacité de fournir aux besoins publics, de jeter dans la circulation commerciale plus de 200 millions de valeurs, et, en définitive, de présenter aux actionnaires un dividende de près de 7 pour 100.

En 1816 commence la seconde période de la carrière de M. Jacques Laffitte. Jusques-là de vastes spéculations financières l'avaient seules signalé à l'attention publique; mais, à partir de cette époque, son activité se déploya dans une

4

sphère nouvelle, et la politique devint une des
plus vives préoccupations de sa vie.

Nommé député de la Seine en 1816, M. Laffitte se plaça dans les rangs de l'opposition parmi les représentans les plus avancés du libéralisme, et pendant les quinze années de la Restauration il figura dans les débats les plus im-
portans qui signalèrent cette période, et se vit
environné du même prestige de popularité qui
entourait les *Foy*, les *Manuel*, les *Casimir Perrier*,
les *Benjamin Constant*, etc.

Ses premiers discours eurent du retentissement. Quoique bien inférieur, sous le rapport
du talent oratoire, aux hommes éminens que
nous venons de nommer, il se fit pourtant re-
marquer par deux qualités bien précieuses, la
clarté et la précision dans les questions de finances qui se débattirent alors au sein du parle-
ment; ses vues parurent souvent justes, avan-
cées, progressives, et, nous devons le dire, ses lu-
mières, sa raison, son influence, contribuèrent
puissamment à populariser quelques principes
féconds d'économie politique, principes encore
ignorés ou méconnus à cette époque.

Le pouvoir était alors dans une fâcheuse situation. Le triste état du Trésor exigeait de
prompts remèdes. L'administration du pays se
trouvait en face de grandes difficultés, et les
hommes d'état placés à la tête des affaires en

cherchaient avec ardeur la solution. — Dans ces circonstances critiques, le duc de Richelieu créa une commission de finances, où furent appelés plusieurs hommes spéciaux, dont l'expérience et la capacité étaient garanties par une longue pratique des affaires. La haute position qu'occupait M. Laffitte dans le monde financier devait naturellement fixer sur lui l'attention du pouvoir. Aussi, malgré la hardiesse de ses opinions et l'ardeur de son libéralisme, fut-il désigné comme membre de cette commission, d'après la volonté formelle du Roi.

D'heureux résultats justifièrent cette confiance, et l'événement prouva bientôt que Louis XVIII avait été bien inspiré. M. Laffitte se prononça très-hautement contre le mauvais système des emprunts forcés; il développa avec force les avantages du crédit basé sur une administration nationale; et le Roi fut si frappé des raisons de l'honorable banquier, que quinze jours après parut la fameuse ordonnance du 5 septembre, qui prononça la dissolution de la Chambre de 1815. A la suite de ces événemens, M. Jacques Laffitte reçut la croix d'honneur. En lui conférant cette distinction, Louis XVIII eut le bon esprit d'oublier le tribun démocrate pour ne voir que l'homme de talent, le financier habile.

Réélu en 1817, M. Laffitte vint siéger de nouveau dans les rangs de l'opposition.—La session de 1817 fut marquée principalement par une importante discussion relative à la liberté de la presse, dans laquelle parurent avec éclat quelques-unes des illustrations du parti libéral. Dans ce débat mémorable, M. Laffitte s'associa avec une vigoureuse énergie aux efforts de ses amis politiques, et réclama pour la presse une large liberté.

L'année 1818 vit naître, se développer, grandir une crise commerciale, qui pouvait avoir les plus fâcheux résultats. La Bourse, par les contre-coups de cette crise vraiment effrayante, était menacée d'une grande catastrophe; le péril fut conjuré par l'intervention de M. Laffitte.

En 1819, l'horizon politique se rembrunit, la constitution fut menacée de graves atteintes, des lois d'exception mirent la France en émoi, les imaginations fermentèrent, des cris de mécontentement éclatèrent de toutes parts. Exaltée par les éloquentes déclamations de la presse et de la tribune, une jeunesse ardente et enthousiaste prit la Charte sous sa protection. L'émeute gronda dans la capitale, des charges militaires eurent lieu, un étudiant fut tué par un soldat de la garde. — Dans ces circonstances, M. Laffitte joua un rôle honorable; du haut de la tribune nationale, il frappa le pouvoir d'un blâme énergique et mérité. Il lui demanda compte des troubles de la capitale et du sang qui venait de couler. Il s'indigna contre l'emploi des troupes dans ces déplorables collisions et réclama l'intervention de la garde nationale.

M. Laffitte ne déploya pas moins d'énergie contre le pouvoir lorsque celui-ci essaya de porter la main sur la loi des élections. C'est M. Laffitte qui proposa de voter une adresse au Roi pour exprimer le vœu qu'il ne fut porté aucune atteinte à cette loi.

En 1822, M. Laffitte prononça un remarquable discours sur notre situation financière et politique ; une grande clarté, une heureuse méthode, une appréciation assez exacte des besoins et des intérêts du pays, telles étaient les qualités qui distinguèrent ce discours.

Réélu à cette époque régent de la Banque de France, M. Laffitte persista dans son refus de traitement. Le célèbre banquier était alors dans tout l'éclat de sa popularité. Cette popularité était due surtout aux libéralités qu'il répandit habilement au sein du parti révolutionnaire. On peut dire que M. Laffitte semait pour recueillir. Chacun de ses bienfaits était un acte d'opposition au pouvoir établi. Une foule d'officiers qu'avait froissés la charte de Napoléon, des notabilités libérales, des hommes de lettres connus par leurs attaques systématiques contre la Restauration, reçurent de lui des témoignages d'intérêt que sollicitèrent, vainement du reste, plusieurs hommes honorables appartenant au parti opposé.

Grâce à ce *système ingénieux* et à cette philantropie bien entendue, M. Laffitte se fit de chauds et nombreux amis qui l'exaltèrent dans les journaux, dans les salons, dans les livres. C'est à cette circonstance, plus encore qu'à ses services réels, que M. Laffitte a dû cette immense popularité qui s'est attachée à son nom.

En 1823, la Restauration était à son apogée ; fière des succès qui avaient couronné ses tentatives de rétrogradation, elle se jetait imprudemment dans les voies où plus tard elle s'est perdue. Elle voulut s'assurer de l'armée, et, pour fasciner l'imagination du soldat par le prestige des victoires, elle décida la guerre contre la constitution des Cortès. En même temps l'esprit révolutionnaire se fortifiait en Europe et grandissait en raison directe des efforts qu'on tentait pour l'étouffer. En France, les imaginations fermentaient, et le libéralisme étendait chaque jour la sphère de son influence. A cette époque, M. Laffitte, de concert avec les chefs les plus influens du parti, travaillait à faire des partisans au duc d'Orléans, et s'efforçait d'appeler à lui toutes les notabilités diplomatiques, parlementaires et militaires que mécontentait le pouvoir établi. — Lafayette repoussa, dit-on, les demi-ouvertures de M. Laffitte, mais le prince de Talleyrand les accueillit. Trois millions, deux régimens, dix mille ouvriers, lui parurent des argumens capables d'entraîner le vœu national; toutefois, après de mûres réflexions, il vint déclarer à M. Laffitte *qu'il n'était pas disposé encore à faire de grandes spéculations.*

La mort du général Foy, une des gloires de la tribune française, et un des plus fermes soutiens du parti libéral, fit éclater au sein des masses de vives sympathies révolutionnaires, et les démonstrations qui eurent lieu alors parurent réellement menaçantes à la monarchie de Charles X. Avec son tact et son habilité ordinaires, M. Laffitte ne manqua pas d'exploiter cette circonstance dans l'intérêt de sa popularité; il souscrivit le premier pour 50,000 fr. en faveur de la famille du général Foy.

En 1824, M. Laffitte fut pour la première fois de l'avis du ministère, et vota avec M. de Villèle. Il s'agissait de la création de la rente à 3 pour cent, qui, selon l'honorable financier, devait diminuer considérablement les charges de l'État. Mais le député et le ministre eurent à lutter dans cette discussion contre un adversaire redoutable, Casimir Périer, qui combattit par des raisons puissantes la mesure proposée. Nous devons le dire, et notre avis est partagé par les juges les plus compétens, M. Laffitte échoua dans ce débat; il fut complètement écrasé par son éloquent antagoniste.

Toujours sur la brèche pendant les quinze années de la Restauration, M. Laffitte fut infatigable dans sa guerre contre la branche aînée; aussi quand éclata la lutte décisive entre la royauté et le peuple, il se mit à la tête du mouvement. Son rôle était tracé d'avance : par ses discours, par ses actes, n'avait-il pas préparé de longue main la révolution qui allait s'accomplir ?

La monarchie du droit divin commence le combat par la publication des ordonnances. La bataille s'engage avec fureur, le sang coule, M. Laffitte se rend aux Tuileries en députation avec MM. Lobau, Gérard, Mauguin et Perrier, pour demander le retrait des ordonnances et arrêter l'effusion du sang. Le maréchal Marmont se retranche dans son point d'honneur militaire et ne veut écouter aucune proposition. M. Laffitte donne une heure au maréchal, et le menace de se jeter lui, *corps et biens*, dans le mouvement. — Déjà il avait jugé de la portée des événemens et avait le premier parlé à ses collègues de son candidat pour la royauté future. Le matin même du 28 juillet, il avait fait avertir le duc d'Orléans d'éviter *les filets de Saint-Cloud*.

Le 29 juillet, M. Laffitte, sûr de la victoire, appelle auprès de lui quelques députés. Sa maison devient le quartier-général de la révolution. Voulant tenter un coup décisif, il envoie Eugène Laffitte, son frère, sur la place Vendôme, où se trouvaient le 5ᵉ et le 53ᵉ de ligne. Après quelques pourparlers habilement conduits, les deux régimens sont enlevés à Charles X, et viennent se placer auprès de l'hôtel du banquier.

Effrayé des progrès de l'insurrection, Charles X révoqua les ordonnances. M. d'Argout vient en son nom dans la réunion Laffitte pour proposer de prompts accommodemens. M. Laffitte lui répond hardiment *qu'il est trop tard*, et *qu'il n'y a plus de Charles X*. En même temps il écrit au duc d'Orléans : *Paraissez, le trône est à vous.*

Le 30 juillet, l'insurrection triomphait définitivement. A quatre heures du matin, M. Laffitte fait rédiger dans son cabinet une proclamation en faveur de M. le duc d'Orléans. Elle est affichée et publiée dans plusieurs journaux. En même temps les députés se rendent à la Chambre, M. Laffitte préside, et le titre de lieutenant-général du royaume est conféré à M. le duc d'Orléans.

Dans tous ces actes, M. Laffitte et ses collègues furent puissamment soutenus par les suffrages de la population parisienne. Déjà les sympathies du peuple étaient acquises à M. le duc d'Orléans. Son nom était dans toutes les bouches, et ceux qui ont parlé des dangers sérieux qu'avait courus M. Laffitte en accompagnant le prince à l'Hôtel-de-Ville; ceux qui ont parlé de son courage et de son dévoûment dans cette circonstance, ont évidemment commis une erreur ou une exagération. M. Laffitte connaissait les sentimens de la population. Il savait d'avance que M. le duc d'Orléans pouvait compter sur l'adhésion de Lafayette. C'est donc à coup sûr qu'il présentait le candidat de son choix, qui était le candidat de la majorité. — Nous croyons devoir faire cette observation, parce que quelques biographes ont donné beaucoup trop d'importance au rôle que joua M. Laffitte dans cette occasion. A les en croire, il aurait été la principale et même l'unique cause de l'avènement de M. le duc d'Orléans au pouvoir; nous le répétons, cette assertion manque d'exactitude.

Nos lecteurs connaissent les événemens qui suivirent. — Le 1er août, le lieutenant-général s'occupe de la composition d'un ministère. MM. de Broglie et Guizot sont chargés de deux portefeuilles. M. Dupont de l'Eure leur est adjoint. La Chambre, convoquée le 3 août, choisit plusieurs candidats à la présidence. M. Casimir Périer est nommé. Mais il refuse cet honneur, et M. Laffitte occupe le fauteuil à sa place. C'est donc sous la présidence de M. Laffitte que la vacance du trône est déclarée, que la

Charte est modifiée, et que la royauté est dé-
cernée à M. le duc d'Orléans.

Mais arrivons sur-le-champ à l'époque où
M. Laffitte fut appelé au ministère. La situation
inspirait alors les plus vives inquiétudes, et
telle était l'agitation des esprits dans la capitale,
que M. Guizot lui-même, qui n'avait voulu s'é-
carter en rien de la ligne pleine de modération qui
était le caractère de la révolution de Juillet, avait
été bientôt débordé par les partis soulevés contre le nouvel établissement monarchique. Déjà,
à la fin d'août 1830, des clubs s'étaient organi-
sés, des factieux essayaient de renouveler les
excès qui avaient ensanglanté la révolution de 89.
Joignez à ces causes de perturbation le procès
des ministres de Charles X, véritable épouvan-
tail devant lequel venaient se briser toutes les
combinaisons ministérielles. Peu d'hommes vou-
laient accepter un rôle dans le terrible drame
qu'on supposait devoir finir par les plus graves
désastres.

Ce fut dans ces circonstances que fut créé le
ministère Laffitte; on sait quelle issue favorable
eut le procès des ministres. Par suite de cet
heureux dénoûment, le ministère Laffitte se trouvait dans la meilleure position pour faire le bon-
heur du pays. Comment ces précieux avantages
furent-ils perdus en si peu de temps; comment

la popularité du nom de M. Laffitte fut-elle sitôt usée? nous allons le dire en peu de mots.

Dès son entrée aux affaires, l'irrésolution de M. Laffitte en présence des factions fut loin de rassurer les esprits. Le parti des brouillons, qu'une conduite ferme et énergique aurait pu attirer et convaincre, se mit à attaquer ouvertement un système si faiblement défendu. L'indécision et le décousu mirent l'inquiétude dans les affaires et soulevèrent les ambitions. A cette époque s'engagea la lutte de l'Opposition organisée systématiquement contre le pouvoir.

Il y avait à peine trois mois que le ministère Laffite vivait, et déjà il était vieux et agonisant lorsque les événemens du 14 février vinrent l'anéantir.

Un complot de sacristie, une révolte d'enfans de chœur, une sédition d'étourdis, tout cela au milieu des fêtes du carnaval, telle fut la cause des événemens du 14 février. Mais comment expliquer d'une part tant de folie, de l'autre tant de négligence? comment croire qu'il n'eût pas été possible de prévenir ou de réprimer le désordre, si on l'eût bien voulu? Eh quoi! une cérémonie antinationale s'accomplit au centre de la capitale, et le pouvoir ne s'y oppose pas, le pouvoir qui n'ignorait rien de ce qui devait se passer? Des croix sont renversées, des églises profanées, des édifices démolis, et le pouvoir laisse faire ? Et quand les gardes nationaux demandent avec instance à marcher contre les démolisseurs, on les fait arriver trop tard. Certes, rien n'était plus légitime que le soupçon qui pouvait planer sur certains hommes du pouvoir à cette époque. Quoi qu'il en soit, cette journée du 14 février eut une grande influence sur l'opinion ; et la dégradation des monumens publics, la condescendance de l'autorité aux vœux tumultueux de la populace ; enfin, la violation de la liberté de la tribune dans l'agression de M. Dupin, dont la maison fut presque envahie par les anarchistes, tels sont les faits qu'on peut regarder comme ayant concouru puissamment à la ruine du ministère Laffitte, et qui ont perdu son chef dans l'esprit de la majorité parlementaire, sans laquelle un ministère ne peut marcher dans tout gouvernement constitutionnel.

Séparé du pouvoir, M. Laffitte s'est jeté dans les rangs de l'Opposition la plus exaltée. Depuis cette époque, chacun de ses discours a porté l'empreinte d'un profond mécontentement ; parfois même il s'est laissé aller à des récriminations amères contre cette royauté à l'élévation de laquelle il avait contribué. Pour justifier ce langage hostile et antiparlementaire, les amis de M. Laffitte ont dit qu'il avait été joué, exploité, dupe de sa confiance, victime d'intrigues traitreusement ourdies. Ils ont parlé de services méconnus, de noire ingratitude ; et M. Laffitte lui-même s'est efforcé de donner à ces assertions du poids et de la consistance en prononçant à la tribune ces paroles mémorables : *Je demande pardon à Dieu et aux hommes d'avoir concouru à la révolution de Juillet.*

Examinons s'il y a dans ces plaintes quelque chose de fondé, de légitime. Voyons qu'elle a été la position de M. Laffitte vis-à-vis de la royauté, et qu'elle a été sa conduite à l'égard du pays.

Nous l'avons déjà dit, en 1830 le nom de M. Laffitte était entouré du prestige d'une immense popularité. Il était appelé au pouvoir par les suffrages de la nation, et ses antécédens, les services qu'il avait rendus, l'influence qu'il avait acquise le désignaient naturellement au choix de la nouvelle royauté. M. Laffitte fut donc investi des plus hautes fonctions auxquelles un citoyen puisse aspirer. — Son avènement au pouvoir faisait naître les plus belles espérances, et la Chambre, la royauté, le pays tout entier, attendaient avec confiance les résultats de son administration.

Malheureusement, M. Laffitte ne répondit point à l'attente générale. Impuissant à soutenir le poids des affaires, il vint fournir une nouvelle preuve de cette vérité, qu'un homme peut être excellent pour la critique, pour l'opposition, pour la lutte, et manquer complètement de vue d'organisation et des qualités nécessaires à l'exercice du pouvoir. La politique de M. Laffitte fut dépourvue de fermeté, d'énergie ; elle laissa grandir les factions, et par une déplorable faiblesse ne fit qu'encourager l'esprit de révolte. Telle fut la politique de M. Laffitte, politique incertaine, dangereuse, et que réprouvèrent avec raison les Chambres, le pays et la royauté.

Qu'on ne nous parle donc pas de services méconnus, d'ingratitude ; qu'on ne vienne donc pas nous dire que M. Laffitte a été victime d'odieuses intrigues et de perfides machinations. Ce sont là des prétextes inventés par des apologistes maladroits, pour dissimuler une chute éclatante et méritée. Sous un régime de publicité comme le nôtre, il n'est pas d'intrigue qui puisse prévaloir contre un mérite réel et une capacité incontestable.

Depuis sa sortie du ministère, M. Laffitte ne reparut plus à la Cour que dans deux circonstances graves ; à l'époque de l'insurrection du 6 juin, et le lendemain de l'attentat de Fieschi. Dans son entrevue du 6 juin avec le Roi, il était accompagné de MM. Arago et Odilon Barrot ; au nom de l'Opposition, il insista pour l'établissement d'un système populaire, et attaqua fortement les doctrines du 13 mars, auxquelles il attribua les scènes déplorables qui venaient d'avoir lieu dans la capitale. Cependant tous les bons esprits s'accordent à reconnaître que, dans ces circonstances difficiles, la fermeté et la vigueur déployés par l'administration du 13 mars ont sauvé la France.

M. Laffitte était désormais l'homme de l'Opposition, qui se servit même de son nom et de son influence pour satisfaire sa haine contre le pouvoir. C'est précisément ce qui arriva en 1833, à l'époque de la souscription nationale. M. Laffitte fut présenté comme un éclatant exemple de l'injustice des cours, comme une victime dont la France devait réparer les malheurs. Un appel fut fait à sa reconnaissance, et à la générosité du pays. Le pouvoir s'émut d'abord de ces manifestations inconvenantes et hostiles, mais il ne tarda pas à se rassurer en voyant le peu de sympathie, et la froideur marquée avec laquelle la majorité de la nation répondit à cet appel.

Les républicains, les démocrates, les ennemis de la nouvelle royauté, auxquels s'adressait spécialement le projet de souscription nationale, gardaient rancune à M. Laffitte pour la part active qu'il avait prise à la fondation du nouvel établissement monarchique. Le plus grand nombre montra une indifférence très-significative.—En un mot, le froid accueil que reçut ce projet prouva d'une manière incontestable l'affaiblissement du crédit et de la popularité de M. Laffitte.

Les auteurs de cette manifestation furent loin d'obtenir les résultats qu'ils avaient espérés. Ils avaient voulu du scandale, mais leur tentative échoua contre le bon sens du pays.

Il en fut de même à l'époque de la discussion de M. Laffitte avec la Banque de France. L'esprit de parti chercha à faire prendre le change à l'opinion sur la portée réelle de ses débats. Il parla d'odieuses persécutions dirigées par de hautes influences. Et pourtant de quoi s'agissait-il réellement ? d'une dette contractée par M. Laffitte envers la Banque, d'un compte à régler entre cet établissement et l'honorable banquier. L'esprit de parti voulut y voir autre chose, mais ses insinuations restèrent sans effet.

Depuis sa sortie du ministère, M. Laffitte a paru quelquefois à la tribune, mais toujours pour y soutenir les doctrines d'une opposition exagérée. Toutes les mesures salutaires présentées par le pouvoir pour réprimer l'anarchie ont trouvé en lui un constant adversaire. C'est ainsi qu'il a successivement repoussé, par ses discours ou par ses votes, le projet de loi sur les associations, celui qui avait pour but de contenir, dans des limites raisonnables, la liberté de la presse, et généralement tous les moyens que conseillait la prudence pour garantir le maintien de de l'ordre et des institutions établies. En dehors de ces questions purement politiques, M. Laffitte aurait pu conquérir à la chambre une haute influence par ses connaissances spéciales en finance et en économie politique. Mais, en se plaçant sur ce terrain, il n'a pu se dégager d'un esprit d'opposition passionnée. Le discours si remarquable, à beaucoup d'égards, qu'il prononça en 1838 sur le remboursement des rentes, reste comme une preuve de cette assertion.

Ce n'est pas seulement à la tribune que M. Laffitte a déployé son humeur guerroyante contre le système qui nous régit. Dans ses excursions départementales, il a fait aussi de la propagande révolutionnaire. Nos lecteurs se rappellent qu'il y a quelques années, M. Laffitte fit, avec M. Odilon Barrot, une tournée dans la Normandie et dans le département de la Loire-Inférieure. Dans un banquet qui lui fut offert par les électeurs de Rouen, il formula les conditions de la monarchie nouvelle, et jeta le fameux anathême de Castille : *sinon non.* A Nantes il tint à peu près le même langage; son discours se terminait par de violentes attaques contre le ministère. Nous les reproduirons textuellement :

« Vous les avez vu, Messieurs, obstruant toutes les issues du pouvoir, prenant tous les masques, et tenant tous les langages, imprudens qui compromettent le pouvoir qu'ils feignent de servir. » Ces mots s'adressaient directement à l'honorable M. Guizot, au moment où cet homme d'État éminent assurait au pays les bienfaits de l'ordre et de la paix. Aujourd'hui tout homme impartial et éclairé peut apprécier, à leur juste valeur, les attaques de M. Laffitte. Les résultats de l'administration de M. Guizot sont connus de tous. On sait que la France a été préservée de l'anarchie par cet habile et courageux ministre, et l'histoire placera son nom parmi les bienfaiteurs de la patrie.

Il y a quelques années, M. Laffitte a repris ses affaires de Banque, et est rentré dans la carrière qu'il avait parcourue avec tant de succès et de talent. Mais il n'a pu parvenir à reconquérir la haute influence dont il fut jadis environné. Nos lecteurs savent que M. Laffitte fit annoncer, il y a quelques années, un nouvel établissement destiné, disait-il, à venir en aide au commerce et à l'industrie de la capitale. Le prospectus faisait de grandes promesses, mais les faits apprirent bientôt que cette banque était tout simplement une caisse d'escompte comme il y en a tant dans la capitale, et où les précautions, les formalités, sont même plus rigoureuses qu'ailleurs. Cet établissement n'a exercé aucune influence réelle sur la prospérité du commerce et de l'industrie; il est sans utilité pour la masse des industriels, et ne sert qu'à un petit nombre d'escompteurs et de capitalistes privilégiés.

Dans cette dernière période de sa carrière

financière, M. Laffitte, dont il y a quelques années personne en France n'aurait osé mettre en doute la loyauté et la vertu, M. Laffitte a eu à subir de terribles attaques, qui ont dû le faire profondément réfléchir sur le peu de consistance des popularités ici-bas. Chacun se souvient du retentissement qu'ont eu les débats relatifs à la *société plâtrière*; chacun sait quel parti les journaux hostiles à M. Laffitte en ont tiré! Quant à nous, la loyauté de M. Laffitte est une de nos plus fermes convictions, et, s'il fallait y renoncer, ce serait à ne plus croire à l'existence de la vertu sur la terre.

Malgré ses préoccupations financières, M. Laffitte a encore reparu à diverses reprises sur la scène politique; mais de tristes déceptions l'y attendaient. Une des plus amères sans contredit, c'est le peu de succès de sa dernière candidature auprès des électeurs de Paris. Il y a quelques années Paris lui prodiguait encore les témoignages d'une admiration passionnée, et cette froideur, cette indifférence, après de si bruyantes ovations, ont dû l'affliger profondément. Un pareil échec était significatif, et M. Laffitte, en se voyant repoussé par les mêmes électeurs qui naguère lui avaient accordé spontanément leurs suffrages, aurait du faire un sérieux retour sur lui-même, et comprendre cette sévère manifestation de l'esprit public.

Loin de là, M. Laffitte, enraciné dans son opposition systématique, et cédant à un incroyable égarement, a versé, dit-on, 200,000 francs pour fonder le journal *la Nation!*

Enfin, M. Laffitte, ayant échoué dans les élections de Paris, s'est présenté aux électeurs de la Seine-Inférieure, qui l'ont envoyé, de nouveau, à la Chambre. Mais, dans ce collége, resté fidèle à M. Laffitte, son mandat de député sera-t-il permanent ?

Imprimerie de E. Brière, rue Ste-Anne, 55.

BIOGRAPHIES PUBLIÉES PAR LA RENOMMÉE.

FASTES Politiques et Militaires.	FASTES Parlementaires et Diplomatiques.	FASTES Administratifs et Scientifiques.	FASTES Artistiques et Littéraires.
M.	MM.	MM.	MM.
Le duc d'Orléans.	Marquis de Dreux-Brézé.	De Rotschild.	Lesueur.
Guizot.	Comte Lanjuinais.	Baron Larrey.	Princesse de Salm.
Comte Duchâtel.	Duc de Serra-Capriola.	Hahnemann.	Pankoucke.
Humann.	Comte de Walewski.	Leroy-d'Etiole.	Kalkbrenner.
Comte de Montalivet.	Drouin de Luys.	Baron de Gérente.	Barroilhet.
Duc de Reggio.	Calemard-Lafayette.	Conte.	Tamburini.
Comte Jacqueminot.	Raguet-Lépine.	Cordier.	Erard.
Comte de Cessac.	De Bussières.	Flourens.	Meyerbeer.
Baron Gourgaud.	Taillandier.	Possoz.	
Vicomte de Saint-Marc.	Ducos.	Locquet.	
Comte Claparède.	Fulchiron.	Meilheurat.	
Comte Thiars.	De Tocqueville.	Vatout.	
Baron Durieu.	Mermilliod.	Eynard.	
Vicomte Bonnemain.	Vicomte Lemercier.	Fould.	
Baron Dupin.	Chégaray.	Lebeuf.	
Baron Aymar.	Gillon.	Legentil.	
Bourdeau.	Vicomte de Richemont.	Cottenet.	
Marquis de la Bourdon-naye.	Comte Vigier.	Marquis de Louvois.	
Duc de Doudeauvile.	Lacordaire.	Piorry.	
Dumont-d'Urville.	A. Dubois.	Jules Guérin.	
Marquis d'Osmond.	Billault.	Baron Ladoucette.	
Marquis de Gras-Préville.	Berryer.	L. Vitet.	
	Pozzo di Borgo.	Cochin.	
		Comte A. Demidoff.	
		Mollevaut fils.	

NOTA. On trouve aussi aux bureaux de la **RENOMMÉE** les Notices de **MM.** les Députés de l'ancienne et de la nouvelle Chambre.

SOUS PRESSE,

Pour paraître incessamment :

BIOGRAPHIES de S. M. LOUIS-PHILIPPE 1er, Roi des Français ; — de S. M. l'Empereur de toutes les Russies ; — du Roi des Pays-Bas ; — de S. M. la Reine d'Angleterre ; — de S. M. le Roi de Sardaigne ; — de S. M. le Roi de Prusse ; — de S. M. le Roi OTHON ; — de S. A. R. la Duchesse d'ORLÉANS ; — de M. le Maréchal Duc DE DALMATIE, président du Conseil, ministre de la guerre, etc., etc.

La RENOMMÉE publie les Biographies *complètes* de toutes les célébrités contemporaines. Chaque numéro contient, outre ces Biographies, un *Bulletin politique*, une *Nouvelle littéraire* et une *Chronique parisienne*, revue des théâtres, de la littérature, des beaux-arts et des modes, etc.

La RENOMMÉE paraît mensuellement.

PRIX DE L'ABONNEMENT :

	PARIS.	LES DÉPARTEMENS.	L'ÉTRANGER.
Par an.........	24 fr.	28 fr.	34 fr.
Six mois.......	14	16	18

Un numéro de la Revue............	3 fr.	» c.
Une Biographie séparée...........	2	50
De plusieurs feuilles.............	6	50

NOTA. — La Collection de la **Renommée** forme 3 vol. du prix de 36 fr.

Tout ce qui concerne la rédaction et l'abonnement doit être adressé, franc de port, au bureau de la Renommée, rue Notre-Dame-des-Victoires, 14, à M. le Directeur-Rédacteur en chef.

Ceux de MM. les abonnés qui ne seraient pas régulièrement servis sont priés d'en donner avis à M. le Directeur-Rédacteur en chef.

MM. les abonnés sont en même temps priés de se tenir en garde contre toutes lettres ou autres pièces qui leur seraient adressées au nom de la Renommée, sans être revêtues de la signature du Directeur-Rédacteur en chef, ainsi que du timbre de l'Administration.

PARIS. — IMPRIMERIE DE E. BRIÈRE, RUE SAINTE-ANNE, 55.